*För allt
som faller*

Det kom så överraskande!
Mitt i det meningslösa samlandet
– i ett ögonblick av välbefinnande
ville jag ge.

Leif G Lundquist

För allt
som faller

Omslagsbild: Leif G Lundquist
Förlag och tryck: BoD

ISBN: 978-91-7463-203-3

Jag är den man
som i utsatt ser skönhet
som ryggar för makt
och skamlöst förtal.

　Där jag stått
　ser du fukten
　från heta källor.

Det jag äger är inget
men allt ska jag ge.
Jag ska ge dig
allt det du saknat.

Slå i mässingsklockan

En flod av ord
med forsande språk
och virvlande allegorier
flöt på avstånd förbi

Jag ville färdas i flödet
förlora mig i strömmen
och halka i en metafor
men orden flöt
som på lotusblad

Jag sökte efter källan
försökte förnimma dess smaker
och mäta mittfårans djup
men floden av ord
flöt på avstånd förbi

Orden rann oberörd
lämnade mig orörd
på sin väg
mot ett slutet hav

Slå i mässingsklockan.
Plocka ett strå.

Sök i formen den rätta klangen
och lyft, ur väntan,
lustens darrning.

Gå, i hjärtat, till rätta med språket
och ordens ovilja
att bölja i takt.

Strö dunster i notbladens rader
och hör partituret prassla:
"da capo".

Locka, med solens hjälp,
smultronskuggans rassel
ur bladen.

Om du plockat på rad två
och fyllt ditt smultronstrå

slå då i mässingsklockan.
Ja slå!

Musiken
– den jag inte ser
skuggas av en stelnad tår.

Senhorita,
cantar um fado.

Min gråt är en fado,
så sjung!

Senhorita,
por favor!

För allt som faller av

Tänk, att aldrig mer
nå fram till en oas
där ljuden kan gå till vila.

Tänk, att aldrig mer
få mötas av en smärtfri dag
som bara lätt i kinden nyper.

Tänk, att aldrig mer
få sitta vid ett dukat bord
med god aptit och vänner.

Och tänk, att aldrig mer
med lugna ben få sparka
vem och när man vill.

Tänk, att aldrig ens
en enda dag gå säker
på att ljuset inte är ett mörker.

Och tänk, att aldrig mer få sova
som ett barn.

Tänk om aldrig mer *är*
aldrig mer.

Nej! aldrig ger jag riktigt upp
så länge hopp består

och tro
och under.

Tack! för alla gåvor.
Några har jag kvar.
Men, jag är tröstlös, så ledsen
för de gåvor som föll av.
Nu, har jag bara några kvar.

Det var mycket det jag fick
men varför tog du det du gav?
Av alla dessa gåvor
blev ju bara några kvar.
Ja, bara några blev ju kvar.

Men, tack i alla fall för alla gåvor
för några har jag kvar.
Men jag är fortfarande ledsen
för de gåvor som föll av.
Ja, för allt som faller av.

Att somna är lätt!
Men vad får oss att vakna?

Inåt krökt

Eftersom det låga
blev min överlevnadsstrategi
hukade jag för vinden

slösade med svagheten
och öste tid, som försvann
i takt med dyningen.

Jag drömde att tidvattenbröstet
skulle häva mig upp, lyfta mig,
dit det redan lyft sitt gråsvarta bröst.

Men aldrig hade havet legat så stilla.
Orörligt böjde sig min längtan –
krökte mig inåt.

På hjullika rader rullar det fram
och på vattnet där stenarna flyter
vägrar färgerna blandas.
        Men, vart far jag
        med pennspetsen min?

Det lyfter i guppen om farten är god
och på krönet, med sikten fri,
överblickar jag tider och skeden.
        Men, varför
        med blicken vänd bakåt?

Med nackarna sträckta säger sig
somliga se att jag lyfter en aning
som när vråken tar höjd
med hjälp av termiken.

En sån nacke har väl ingen av er?
Nej! inte ni
som ser mig glida mot vinden,
långsamt i mörker.
        Visst lutar det åt
        att jag inte når fram?

Dit jag far med pennspetsen min
färgas kinder med tonen
av rödaktig skam.

Sa ni att trängseln var stor,
att utrymme saknas? Sa ni
att ensamt var kallt?

Han söker visst
fortfarande
en plats, ett sammanhang
trots att tiden är fel
          och språket
Vem vet
vad som skulle kunna ha hänt
med en sån som Han
om någon förstått vem han var
låtit grodden nå jorden
släppt in ljus
i rätt tid
öppnat taken
Han går visst omkring som en hemlös
och sjunger
om att tiden är fel
          och språket
att han söker
fortfarande
och nog uppfattas som en sån
som bör hållas
på avstånd
för säkerhets skull
För vem vet
vad som skulle kunna hända
med en sån som söker
Fortfarande!
En sån bör nog hållas...

Får han aldrig nog?
Jo! det får han nog
Alla har en gräns
men Han
är kanske gränslös
Han som fortfarande söker
och tror sig kunna finna
trots att tiden är fel

    Och språket

Gårdagens händelser
blundar jag för, de bleknar. I morgon
kan jag lugnt förneka dem.

    Allt ska väl blekna
    även regnbågens färger
    och bilden av mig.

På havsstranden såg jag vinden
sitta lugnt tillbakalutad och suga kraft
ur den uppvärmda sanden.

Det var där jag samlade kunskap
och såg forntida arter dö ut.
(Som våra samtal redan gjort)

    Vad kunde jag mer säga
    när allt var sagt
    när orden sinat?

Det var först när ett ständigt närvarande
hade lagts i min famn – ett barn
som gav mig fri tillgång till värmen –

    som jag insåg
    att sökandet efter mening
    hade kvävt mina ord.

Honungsvatten, mjölk och manna

Gubben trotsar
sina darrande händer
och greppar skaftet på yxan.

Rödrosigt het, i väntan
på den kommande värmen,
ser gumman Eros
  den råe
blänka i stålet.

– Som kärleken blänker
i närhet till minnen.

Tro hopp kärlek
ett tu tre
det heliga talet
det underliga
det förunderliga
att hon och han
kan bli Ett
att två med tre
kan bli ett Ett

Med handen sval
svagt darrande
ger hon mig
med mjuka ord
och grått smicker
en medhårssmekning

trots att hon kan peka
på mina brister
och göra det
med stadig hand.

Tell me
how to stay alive
two hundred miles
away from you.

Please, tell me,
do not lie.
Tell me
how to smile
those miles.

When days I count
in fear I die.

Please, do not
make me cry
those hundred miles.
Just tell me
how to stay alive.

Kartor ritas om
när bäckfåror föds
ur häftiga sommarregn.

Vi söker skydd under skärmtak
  och finner
en hittills okänd nakenhet.

Vi står som i varandra,

i en närhet intill upplösning,
  beredda till offer.
Vi ska sluka eller uppslukas.

Våra blickar möttes inte mer
  den där sommaren
men vi möttes i samma längtan:

Längtan
efter den uppslukande närheten.

Vi hade kommit varandra
så nära

då när vi låg på rygg i sanden
med händer tätt flätade
och drömde att allt
var möjliga att nå

då när tiden låg stillad
och värmen slitit sig loss

då när allt rumsligt
var vårt.

Himlen och havet
har förlorat sin färg
men dina ögon
badar i blått.

Allt har förlorat sin sälta
utom din rodnande mun.
Din tunga
är det enda som är sött.

Din andning är en vind.
När du ler bleknar solen.
Allt saknar mening
utom närhet till dig.

Allt står stilla
när du sover.

Förväntar hon av mina händer
se lugnare hjärtslag

av den lätta beröringens hägring
se vad oxytocinets gestalt
ger för näring

se vad som väcker
mina händers begär?

Ensam söker jag sällskap
I trängseln försöker jag fly

Hemma längtar jag bort
och därifrån längtar jag hem

Uttröttad söker jag vila,
en vila som mer liknar rastlöshet

Jag vill ha kärlek
Efter kärlek vill jag ha mat

Symmetri:
Livlös Speglande Vilande
I bästa fall vilande

Skönhet:
Fårad Stukad Levande
Alltid levande

Djupt jag gömt mig
djupt i årens mitt
Öppnat mig som blomman
öppnat sig för solen

Hårt jag blundar
men säger med en blick
– Nu ska jag smeka dig
i håret

Lugnt jag andas
när jag sover
och vi som pendeln
håller takt

Jag sög in den luft du andats
och lyftes från den heta ökensanden

Med tungan vilande i honungsvatten
slöts min hand runt mjölk och manna

Jag steg ner i spår du lämnat i min sand
och lät mig sjunka

Dagar

Dagen då hästgården välte
med allt sitt hö

tjöt flickorna av skratt
som för sista gången.

Leken blev allvar
stannade upp

och oförställd glädje
vändes i chock.

Hästgården välte
och kött blev hö.

Som torr halm på glöden
brinner de: Dagarna.

Flammar upp
och lämnar sotiga spår.

Drag det svärtade bläcket
ut mot solens flagor och bind

med glömskans timmar
en kärve.

Se, hur det
ur den grå röken

spottas aska:
Glödande röd!

Dagen gled från smärtsamt glitter
i snökristaller mot en skymnings vila.
Träd, takåsar och möjligheter
formades i ett mindre kvävande brus.
        Äntligen röd horisont!
        Jag krävdes på för mycket
        då ljuset tog allt.

Månen svepte ännu en gång
över landskapet och målade
  i nattens färger.
Dimman över sjön, drogs sakta,
som ett täcke, upp över ängen.
        Vad ligger väl dolt
        där under vita slöjor
        som blicken vill åt?

Kattugglan visslade
på rutin den här natten.
Saknad var glöden!
        Var det ugglans rop
        som väckte det slumrande,
        det som sömnen släckt?

Jakten på det flyktiga bytet: minnen,
strödde salt i gamla sår. Jag flydde
mot perrongen i katternas stad
i väntan på en blå gryning och en dag
        som sakta skulle glida
        mot ett smärtsamt glitter
        i snökristaller.

Det var dagar
som överträffade varandra
i enformighet och enfald.

Dagar, då tankar
tumlade runt i evighetsloopar
och avkastad tid fyllde tomrum
med bleka skrik.

Det var dagar
då jag duckade för ekon
och dolde tidlösa brott
i meningslösheter.

Det var dagar
som lades till dagar.

Ett liv, en roll
   Roller, levda som ett liv

Ett liv, svart
   som tvättat vatten

Ett liv, som söker ljuset
   för skuggans skull

Snön faller oskuldsvit

Det blev inte sagt
annat än med ord
att kärlek fanns
även för mig.

Mina vänner
rörde sig som skuggor.
De gick tysta förbi
med nedböjda huvuden.

Närvaron brast
i vassa skärvor
av likgiltighet.

Endast i mörkret
slapp jag se
deras bortvända blickar.

Den avklädde
svullen av självrättfärdighet
lockar nålen
dold under målarens tunga.

Hastigt stryker hon ut en skugga
vid de vitdraperades öden, mitt
i det omfamnande ögonblicket.

Det fläckade hjärtats nyanser
slår på den röda paletten
och hon döljer bilden med penseldrag
i gryningsrök.

Det sägs
att mörkret faller
när solen går ner.

Men, är det inte då
det samlar sina skuggor
och reser sig upp?

Lutad mot vinden står vi stadigt,
framåt i vinkel, som på trots.

Så står vi tills vinden vänder sig om
och börjar skjuta på.

Då,
faller vi.

Snön faller.

Under korpens vinge
ligger ingen snö oskuldsvit.
Men, den faller

och faller

och faller

Snön ligger, så som den
i barnets öga fylldes:
  Oskuldsvit.

Från liv i ljus till hettans mörker
sågs ditt öga murket svart
som korpens vinge.
Skuggor lyftes över återkomstens
ovälkomna last.

Skölden brister.
Skuggan brinner.
Den vassa bilan föll.   Och snön
låg inte längre oskuldsvit.

– För sent den längtan brinner
som tänts i svarta viljors bröst.

Du, en korpens föda.
En svart supé som styrker utsträckt vinge.
I svarta skuggor flyr du, brusten,
du som under korpens vinge
sökte skydd.
Blek förmår du inte längre möta
en oskyldigs blick.

Din vila blir en rastlös väntan
på en evig höst.

Och snön kan återigen lägga sig:

  Oskuldsvit.

Aldrig skulle han vänja sig
vid det påtvingade
eller falskt hoppfulla.

I ljuset
från en molnbeslöjad måne
cirklade han runt ett osynlig byte.
I allt snävare cirklar,
cirklade han runt sig själv.

Ett sista strålande knippe

Natten blir lång
för den som väntar.

Sömnen håller sig avvaktande –
som om den ville fånga rätt ögonblick.

Oväntat faller den in,
men drar sig genast tillbaka igen.

Egendomligt lätt,
mer vaken än någonsin

glider du ur bädden –
tillfälligt naken.

Du söker en blick
som redan är sedd

genom ögat
i vaken.

Omsluts, av det som drömmen
redan klätt.

Hjärtat stöter,
pulserar som den döendes
sista flämtning.

Från en öde klippas fyr
sänds ett sista
strålande knippe.

Hjärtat stöter,
tömmer sitt stoft
i heta järnhällars sprickor.

Ett sista
bländande ljusutkast
och stjärnan

– under sin utslungade,
infångade,
samlade tyngd

skälver
och kallnar.

Ibland ropade du rakt ut,
bara rakt ut:
Hjälp mig!
Hjälp mig då!
Vad du inte visste var på vem
eller vad du ropade,
men du ropade ändå.
Och vi kunde ingenting göra
annat än att titta på.
Om du ändå förstått hur det slet i oss.
Att vi ville, men inte visste hur.

Men du!
jag tror vi gjorde vad vi kunde.
– Till och med för mycket ibland.
Och där! just där och då
tror jag att du visste
att du var älskad ändå.
Trots att du ständigt,
alltid till sist,
hamnade där igen
där du ropade:
Hjälp mig!
Hjälp mig då!

Och vi som ville
men inte visste hur.

Sorgen vadar längs en isblå å.
Den vadar bland sprängsten
som skär i det som mjuknat.

– Av klarblå ytspeglad himmel
ligger stenhjärtat dolt.

Blind för rödhakens blick
går vreden bredvid
i rödglödgad gråt.

– En vrede som slår
mot sin egen pålrotade fot.

När den inre bärsärken stelnat
står sorgen äntligen lugn.

Lugn,
då den vadat i blått.

Livet är ingenting för veklingar!
Sorgen mäter sig med kärleken.

Nu står en skinnfåtölj och gapar tom.
Och vattenskålen
behöver inte längre fyllas
till brädden.
Mycket lämnade du efter dig
och vilken plats du tog!
Och jag pratar med mig själv igen...
Sista dygnet var en långsam pina
men ändå smärtsamt kort.
Dina ögon sade att du förstod
och samtyckte.
Du visade ingen fruktan.

Världen blev en knäppskalle fattigare
men jag,
många känslor rikare.
Du var en skön typ!
Dofterna Simba! alla dofter...
Livet är ingenting för veklingar!
Vi var en vacker flock.
Och sorgen mäter sig med kärleken.
Vi ses i evigheten...

På lammets rygg

Vägarna var raka och breda
men trängseln besvärande
och törsten svår att släcka.

Vägen tillbaka
gick via de smala vägarna.
Och där vid stigarna i din hand
stannade jag och släckte min törst.

Jag drack ur dina tårars bäckar.

Det lönar sig att gråta
när ingen ser

Det lönar sig att be
om det som saknas

Det lönar sig att skratta
när ingen hör

Det lönar sig att se
sig själv i spegeln

Vill man veta
lönar sig tro

Hopp lönar sig bättre
än förtvivlan

Kärlek
lönar sig själv

Som tecken på liv
stod björken vit.

Mina beslut:
som en slantsingling från döden.

Björken behöll
sin vita dräkt

och jag drack
av den söta saven.

Som en drunknad
i sitt hjärtas öken

i en av vatten
flätad korg

bärs jag fram
på lammets rygg.

Sten för sten
på klippan

bygger jag.

Nytt på nytt.
Scen för scen.

Jag Är
Jag, är här
Jag har alltid varit här
Ja, alltid är jag här

Jag finns
Jag har alltid funnits
Jag finns för alltid
Ja, all tid finns jag

Men
även där tiden inte är
finns jag
För alltid

Haiku

Fri diktning svävar
högt över murar
och stela regeltroll

Ur fasadsprickor
tränger sig barn
ur barn

Barfotadagar
Sand rinner mellan tår
och i timglas

Jag går barbent
genom fält av brännässlor
Med huvudet högt!

Sträck ut en hand
Fåglar annonserar
din ankomst

Fjällsippans blommor
som musik i klippskrevor
Isharpeklanger

Andåssjön inbjuder:
Mellan hjortron och älgjakt
skummar sjögrädden

Försommargröna
vilar ögonen i löv
I regn glänsande

I lönnen hummade humlorna
"Bumblebee Blues"

Plockar
i stad utan betong
Blåbär

Nyfödd horisont!
Sekelgamla furor
vilar i mossan

Horisontella
finner granarna, slutligen,
sina rötter

Färdades
genom milslånga trädgårdsrum
utan att se vägen

Menyfavorit
i drive-in-trädgården
Lupiner i blom

Kråkan valde
trots ilskna trastars hot
Kalabaliken

Husfasader
målade i gult och rött
Höstlövgraffiti

Storlommen repar vattenspegeln
Söderut transtreck

Pessimisten,
road av livets roulett,
satsar allt på svart

Tentamen:
timmar då stress
bakbinder förståndet

Medelmåttigheten
sitter på fördelningsgrenens topp
Och tuppen näktergal

Hör upp!
Lyssna på den fruktade Tinnitus
Öronkejsaren

Bankir,
i kreditstrecksrandig kostym,
blåser upp bubblor

På tillväxtens altare
ligger människor
i spillror

Gränslös förbrödring
Matchhjälten kysste loskan
i gräset

Golf
en diagnos

Svenska jordgubbar?
Midsommarglädjen dämpas
av ovissheten

Livet var en fest
tills masken rann av
i dimman

Fyllkajan kraxa:
"Var det bara lilla jag
som hade roligt?"

Igår var jag rädd
då fanns döden
Idag vet jag bättre

Döden klär i vitt
Vi
nakna

Igår   rädsla
Jag såg döden sväva
Idag   hotellincheckning

I plåtrustningar
och höga på adrenalin
Ett sista möte

Alla dör
Alltid i chock
Till allas förvåning

Har vi någonting gemensamt?
Då är det
ensamheten!

Saknar du ett jagets kärna
och ensamhetsrum?
Då är du ett skal!

Innanför dörren
med det utskurna hjärtat
Blodet och gråten

Ordskalpellen skar
Jag sårades själv i bröstet
Avslöjad – Hjärtlös

Jagets mitokondrie
i ensamhetens zon
Privat område!

Hennes blick tände
Sedan dess glöder bröstet
och brandnävan gror

Lyckorysningar
sprätte gnistor från het kind
Darrade och frös

Ljusmättat öga
sögs tomt av källarmörkret
Fingrar blev morrhår

Vem ser brunnsålen?
Hans strävan mot Sargasso
när år föder år?

Lutad mot trädet
med termosen i handen, då!
hugger storlaxen

En solkatt
satte sig på en glasbit
och röken steg upp

Sångerna flyter högt
Under ytan simmar änglar
Rösten bär mig hem

Brusande röster
Sövande monotoni
Jag förs bort av drömmen

Kanske finns det cirklar...
Men i den här världen
är alla cirklar ovaler

Jag kastade spjutet
när tyngdlagen vilade
Och vaknade hoppfull!

Tid och rum

Djupt där inne
i en enda liten punkt
tassade tiden som på tå
och där trängdes
allt med alla.

Sånt här är inte
så lätt att förstå
men, djupt där inne
i en enda liten punkt
väntade åren
i en skinande landå.

Ingenting rörde sig
– utom möjligtvis allt.
Och jag bara undrar:
Varför small det då?

$$\textbf{N}\text{u}$$

när tiden kastat loss
och vi alltid
befinner oss i mitten
av en början utan slut
kanske vi kunde tänka oss
ett ständigt nu.

Ett ofattbart
alltid närvarande
tvålhalt

$$\textbf{N}\text{u}$$

Oändligheten
känner
ingen gräns.

För oändligheten
kan det stora
alltid bli större
och det lilla
alltid bli mindre.

Oändligheten
sträcker sig
– som enfalden
i alla riktningar.

Och för den
som söker gränser
räcker inte ens
oändligheten till.

Jag minns en tid
då en dag
var oändligt lång.

Och idag,
när en dag
är precis en dag lång
då ska allt göras
som inte blev gjort
när en dag
var oändligt lång.

Det finns tid
av sämre sort
tunn   töjbar
som mycket långsamt
liksom ovilligt
rör sig bort.

Som
när den utsätts för tidsfördriv
rör sig mer villigt

som all annan tid.

Tid
som rör sig snabbt
mot en plats
sex fot
under en sliten rova.

Tankar och ståndpunkter

En tanke passerade tätt inpå
så jag sträckte ut ett strå

och förvånades
när den fäste därpå.

Sanningen har aldrig bråttom!
Den känner sig själv
och vet sitt värde.

Men lögnen rusar
– ivrig som ett barn
så strån och stickor ryker,

omedveten om att den är
– och förblir
den ständiga tvåan.

Vårda din längtan.

Du har den kvar
så länge du längtar.

Uppfyllda drömmar
är mest bara som skal.

Se upp!
så du inte ställer dig i vägen
för någons inkompetens.

Var inte nöjd
med att vara
missnöjd!

Det börjar
som en lätt krusning i aperitifen
och slutar
med full storm i konjakskupan

Till den som har ett
"magic number"
ringer man gärna
men man förväntar sig
inga svar.

Man kan tala in
sitt meddelande,
berätta sin historia,
och ställa sina frågor.
Man kan lätta sitt hjärta
för en redig karl.

Men man förväntar sig
inga svar,
för man har ju ringt
ett magiskt nummer.
A magic number
to a star.

Chicken chicken
it's a chickens day
when chickens
walk the chickens way

The chickens
never stay
so do like chickens
walk away

Tigern väjde för ormens huvud.
Vrålade lojt då piskan sjöng.

Den drevs av sången
genom brinnande ringar
upp på små löjliga berg.

Trummorna slog mig i bröstet.
Bilden slog mot hjärtat.

Tigern flydde för giftet
och jag ville skrika:
Låt honom gå!

Under fanor
kokade en djupröd vrede.

Mot orättvisor
stod vi i upproret stampande.

I första ledet
sjöng de internationalen.

Ett sagolikt rött mänskohav
böljade genom trånga gator.

Vi skanderade slagord
och någon höll ett eldigt tal.

Sedan gick vi alla hem.
Var och en till sitt.

Glada lax som plaskar
i saltstänk och vågblänk
Lägg dig på rygg i humorhavet
Sprattla dig upp
Stå upp!

Forma luftburna grimaser
Lyft som en spefågel
Flaxa så fjädrarna ryker
Gal som en tupp, som en galen
Stå upp!

Orera din ordlera
Slår det gnistor
så elda patrasket
Slå dem, under bältet
Stå som en stork
Gå funnywalk
Gå!

Knäpp upp en blues
och släpp smilarna loose
Förgör och håna en höna
Förgör och håna en höna?
Lösgör med underlivsgrepp
en prett
Blända din mobb!

Men framför allt   Stå upp
stå Upp!

Ingenting:
en språklig konstruktion
som beskriver just ingenting.

Meningslös
som beskrivande ord.
På sin höjd en abstraktion.

"Där finns ingenting"
är inte det en paradox?

Ingenting finns ingenstans.
Ingenting finns alltså inte alls.

Apropå ingenting...
Ingenstans.
Var skulle den platsen finnas?

Ingenstans finns ingenstans
alltså finns den platsen inte alls.
– Utom där ingenting finns förstås.

Av terrängen sonderad

Av terrängen sonderad
ger jag mig in
med milda drömmar
bland vargvuxna tallar och mar.

Fri ägd bunden av skogen
som torr och drypande våt
aldrig förskjutit
en drömmande fot.

Av terrängen sonderad
av lavskrikan följd
passerar jag åforsens
virvlar och skum.

Genom viderassel
och skvattramdoft
går jag på finmalen morän
i spår från mina förfäders ben.

Som en vaktande råbock
stannar den upp.
Bevakar
och vänder sig om.

Med en sval inandning
lyfter den
vattendroppsrocken av mossan
och ruskar henne ömt.

Beslutsamhetskraften
rör vid allt
drar skuggtäcket av natten
och blottlägger intimiteten.

Martallen rodnar
och vänder sig om.
Orörligt
vänder hon sig om.

Tiden tog på några dagar ett jättekliv
när min skogsdunge, kall, vit och livlös
av vårfåglar ändrade perspektiv.

Koltrast och koltrast bland myror gick lös.
En ensam trana spelade som på trumpet.
Gick grå i dräkten men härligt pompös.

Den övade landning längs grannens staket,
gled med långnäbben pekande: Hit!
storspoven som sjöng mig hoppfull och het.

Snart kommer skogsbacken åter lysa vit
när vitsippor brett ut sina kloner.
Storspoven ropar igen "kom hit! kom hit!"

Många vill sjunga på just sina toner
och blir lätt högljudd i vårsymfonin.
Vissa visar rent skamlösa fasoner.

Vaknat har nu också kupans bin
uppvärmd av sol och sydliga vindar.
Snart blommar sommarens första lupin.

Jag sätter mig i solen och blundar.
Under ögonlocken blir solen svart.
Det är då alltid något som förundrar!

De flesta kallar mig linden, men Tilia cordata
är mitt riktiga namn. Med rötter i helig mark
står jag stolt i hållningen, med ryggen
stilfullt sträckt, trots att det dragits hårt
i min skrovliga överrock, utskuren i bark.

Lägg kinden mot en gamlings synder, tryck
örat intill och lyssna till vilsna fanfarer! Hör
du Gustavs pukor och cymbaler? Känner
du doften från staden, från gatans
parfymerade madamer?

På Haga, där luften var lätt att andas
lade jag mina blad, på skaldens
blommande äng, där jag återigen
fick känna lutans klang och höra Bellman
hylla nymfen Ulla Winblads barm.

Aldrig ska jag väl mer få se
så mycket vackert. Aldrig igen
få känna lutsträngens kittling.
Nej, aldrig som i dessa
de glansfullaste av dagar.
Men jag står nog kvar några sekler.
Jag hoppas på vackrare tider.

Med minnenas flod
är det så
att dess utlopp
samtidigt
är dess källa

Minnen

I väntan på omöjligheter
fanns jag där.
Någonstans.

Sprickan vidgades i fasaden
och ut släpptes
barnet ur barnet.

Det var en dag i mars
när våren kom med löften
som jag skrek mitt första skrik

Jag var av vanlig sort
men ändå ingen annan lik

Solen sken de här åren
och livet lekte dröm.

Med en nyvunnen vän
sprang jag in i köket
– in i ett oväder lösgjort ur fruktan.

Under köksbordet fick min rädsla
av spänningen smak.

Vi drog upp våra axlar och hukade
– jag och grannens mastiff.

Och jag har nog hukat
sedan dess.

Jag såg mer än tusen
av glitter bländade ögon.

Jag såg mig växa
i oönskade riktningar.

Jag såg mig
så liten jag var.

I viken simmade timret.
Vintern kunde fortfarande anas
i den vita splinten.
Tätt låg tusentals randbarkade furor.
Som ett slarvigt utlagt golv, blankt
och lockande som den första skridskoisen.
Och lika olycksbådande.

Vems idé det var minns jag inte, men
det var i alla fall på de här såphala stockarna
vi grabbar balanserade som ärrade flottare.
Vi trotsade det vi hittills aldrig trotsat:
Den omöjliga döden.

Att stockarna höll ihop utan en glipa är inte
sant, men sant är att vår ungdom höll oss kvar
på ovansidan. Och sant är att vi senare, med
återvunnet förstånd, när vi insett att timret
kunde ha slagit igen som ett kistlock över oss,
satt tysta på stranden, med skräcken
omfamnande i ett hårt grepp om våra strupar.

Med darrande händer vred vi det bräckta
vattnet ur våra strumpor och lovade varandra,
med kraftfulla eder, att aldrig för en enda
levande själ avslöja vår dårskap.

Visst var vi stolta med nyvunnen respekt, men
som det skulle visa sig, ännu oförmögen
att hålla ett löfte.

På något vis
har uppförsbackarna
blivit längre och tyngre

och de svindlande
nedförsbackarna
kortare än minnet.

Solen
går fortfarande upp
i öst
och jag följer den runt
för att se att den niger
i väst.

Jag bockar
för ännu en dag.
Gammal,
eller möjligen
sentimental.

Vakna upp! ur dimmig slummer.
Minnen väger fjäderlätt.

Se in i eldens öga.
Se ut mot öppet hav.

I en vind som vinden bar
vägdes livets löften.

Lätt som stenens känslor.
Tyngre än en svalas flykt.

Vakna upp! bejaka hungern.
Gå mot elden som beretts.

Skälv
i dina val.

Vakna upp! ur slummern.
Sväva ut mot öppet hav.

Till minnet av skidturen
lades doften av apelsin,
rykande choklad
och smaken av nyfallen snö
på en skinnflådd tunga.

Tysta stod klipporna
som rest sig i skuggan.
Och vi med blicken riktad utåt
mot de allt ljusare
blå bergen.

Vi ska ta oss dit också.
Men inte just nu.

Jag darrar

Jag är tagen
uppåt tagen
jag är uppåt
tagen av mig själv

vad tog mig upp
på toppen upp
vem tog mig upp
var det jag själv

se på mig
ta dig i kragen
ta dig upp
uppåt tagen

min värld
en spegel
en spegel
min värld

Vad ser jag?
Jag blir tagen!
så upptagen
av mig själv

I förundran
möts öga och hand.
– Ett plötsligt främlingskap.

Vi som eviga vänner
skapar vår mening,
gör levande odelbart.

Men vi darrar.

För varje flackande varv
sväller osäkerheten
som handryggens ådror.

Ögat säger att handen är min
och handen att ögat
ser klart.

Och jag darrar.

Innehåll

Tid och rum

Tankar och ståndpunkter